Quinceañera

Fecha del festejo:

COPYRIGHT ©CASA VERA JOURNALS
PARA MAS PLANIFICADORES DAR CLICK EN EL
NOMBRE DEL AUTOR, PUEDE CONTACTARNOS EN:
CASAVERA.DESIGNSTUDIO@GMAIL.COM

Planificador de Mis Quince

FECHA Y HORA:

DIRECCION DE LA IGLESIA:

PRESUPUESTO:

SACERDOTE/PASTOR:

LUGAR DE LA FIESTA:

LISTA DE TAREAS:

NOTAS Y RECORDATORIOS:

Plan del Presupuesto

	COSTO TOTAL:	DEPOSITO:	POR PAGAR:
IGLESIA/TEMPLO			
LUGAR DE LA FIESTA			
FLORERIA			
VESTIDO(S) DE QUINCEAÑERA			
COMIDA			
PASTEL			
MAQUILLAJE Y PEINADO			
TRAJES DE LOS CHAMBELANES			
FOTOGRAFO			
VIDEOGRAFO			
SERVICIO DE DJ/MUSICA			
INVITACIONES			
TRANSPORTE			
RECUERDOS DE LA FIESTA			
RENTA DE ARTICULOS			
OTROS			

6 Meses Antes

- PLANEAR TEMA DE LA FIESTA
- ESCOGER VESTIDO (S)
- PLANEAR LA RECEPCION
- INVESTIGAR FOTOGRAFO
- INVESTIGAR VIDEOGRAFO
- INVESTIGAR FLORERIA
- INVESTIGAR DJ/MUSICA

- INVESTIGAR PROVEEDOR DE COMIDA
- CONSEGUIR A LOS CHAMBELANES
- VER SI SE NECESITA RETIRO EN LA IGLESIA
- RESERVAR LA IGLESIA
- RESERVAR EL SALON DE FIESTA
- RESERVAR CUARTOS DE HOTEL PARA INVITADOS
- LISTA DE INVITADOS

NO OLVIDAR:

3 Meses Antes

- ORDENAR LAS INVITACIONES
- REVISAR LOS DETALLES DE LA RECEPCION
- HACER CITA PARA PRUEBA DE VESTIDO
- CONFIRMAR CON CHAMBELANES
- COMENZAR A ENSAYAR BAILE

- RESERVAR MAQUILLISTA/ESTILISTA
- CONFIRMAR SELECCION DE MUSICA
- PLANEAR LOS RECUERDOS
- RESERVAR FOTOGRAFO
- RESERVAR DJ/MUSICA

NO OLVIDAR:

1 Meses Antes

- ENVIAR INVITACIONES
- AGENDAR RETIRO
- COMPRAR RECUERDOS PARA FIESTA O HACERLOS
- AGENDAR LA PRUEBA FINAL DEL VESTIDO
- COMPRAR LOS ACCESORIOS (JOYERIA, TOCADO, CORONA)
- PLANEAR EL PEINADO
- COMPRAR ZAPATILLAS/ZAPATOS
- CONFIRMAR TRAJES DE CHAMBELANES
- FINALIZAR EL MENU DE LA FIESTA
- ENSAYO BAILE CON PAPA Y CHAMBELANES
- CONFIRMAR TODAS LAS RESERVACIONES
- CONFIRMAR LA SELECCION DE MUSICA
- CONFIRMAR PADRINOS
- ESCOGER AL MAESTRO DE CEREMONIAS
- ARREGLAR TRANSPORTE AL SALON DE FIESTAS

NO OLVIDAR:

1 Semana Antes

- FINALIZAR ACOMODO DE SILLAS
- HACER PAGOS A PROVEEDORES
- MANICURE/PEDICURE
- CONFIRMAR LAS RESERVAS DE HOTEL
- DAR EL PROGRAMA AL SALON DE RECEPCION
- CONFIRMAR CON LA PASTELERIA
- RECOGER EL VESTIDO
- RECOGER TRAJES DE CHAMBELANES
- DAR LA LISTA DE MUSICA AL DJ
- SEGUIR ENSAYANDO BAILES

NO OLVIDAR:

1 Día Antes

- [ ] COMER BIEN
- [ ] ENSAYO FINAL BAILE
- [ ] DORMIR BIEN!
- [ ] ALISTAR LOS RECUERDOS
- [ ] FINALIZAR DE EMPACAR LO QUE SE NECESITE LLEVAR AL SALON

LISTA DE TAREAS PENDIENTES:

El Gran Día!

- [ ] IR AL PEINADO Y MAQUILLAJE
- [ ] TOMAR UN BUEN DESAYUNO
- [ ] DISFRUTAR EL GRAN DIA!
- [ ] REUNIRSE CON LAS AMIGAS
- [ ] SESION FOTOGRAFIA

TAREAS PENDIENTES:

Celebración de mis Quince

PADRINOS PRINCIPALES: _____

TELEFONO: _____

EMAIL: _____

PADRINOS DE _____ : _____

TELEFONO: _____

EMAIL: _____

PADRINOS DE _____ : _____

TELEFONO: _____

EMAIL: _____

PADRINOS DE _____ : _____

TELEFONO: _____

EMAIL: _____

PADRINOS DE _____ : _____

TELEFONO: _____

EMAIL: _____

NOTAS:

Celebración de mis Quince

PADRINOS DE _____:

TELEFONO:

EMAIL:

PADRINOS DE _____:

TELEFONO:

EMAIL:

PADRINOS DE _____:

TELEFONO:

EMAIL:

PADRINOS DE _____:

TELEFONO:

EMAIL:

PADRINOS DE _____:

TELEFONO:

EMAIL:

PADRINOS DE _____:

TELEFONO:

EMAIL:

NOTAS:

Chambelanes

PRINCIPAL:

TELEFONO: CINTURA: TALLA ZAPATO:

CUELLO: MANGA: TALLA SACO:

EMAIL:

CHAMBELAN #1:

TELEFONO: CINTURA: TALLA ZAPATO:

CUELLO: MANGA: TALLA SACO:

EMAIL:

CHAMBELAN #2:

TELEFONO: CINTURA: TALLA ZAPATO:

CUELLO: MANGA: TALLA SACO:

EMAIL:

CHAMBELAN #3:

TELEFONO: CINTURA: TALLA ZAPATO:

CUELLO: MANGA: TALLA SACO:

EMAIL:

CHAMBELAN #4:

TELEFONO: CINTURA: TALLA ZAPATO:

CUELLO: MANGA: TALLA SACO:

EMAIL:

Fotógrafo

DATOS CONTACTO

TELEFONO: _____ NOMBRE NEGOCIO: _____

EMAIL: _____ DIRECCION: _____

RESUMEN DEL PAQUETE QUE OFRECE:

\

PRECIO ESTIMADO: _____

INCLUYE: SI ✓ NO ✓ COSTO:

ALBUMS DE FOTOS:

MARCOS

PRUEBAS INCLUIDAS:

NEGATIVOS INCLUIDOS:

COSTO TOTAL:

Videógrafo

DATOS DE CONTACTO:

TELEFONO: _____   NOMBRE DEL NEGOCIO: _____

EMAIL: _____   DIRECCION: _____

RESUMEN DEL PAQUETE QUE OFRECE:

PRECIO ESTIMADO: _____

INCLUYE:	SI ✓	NO ✓	COSTO:
DUPLICADOS/COPIAS	☐	☐	
MONTAJE DE FOTOS:	☐	☐	
AGREGA MUSICA:	☐	☐	
EDICION:	☐	☐	

COSTO TOTAL: _____

NOTAS:

DJ/Música

DJ/GRUPO MUSICAL/ENTRETENIMIENTO:

TELEFONO: EMPRESA:

EMAIL: DIRECCION:

HORA INICIO: HORA QUE TERMINA:

RESUMEN DEL SERVICIO DE ENTRETENIMIENTO:

PRECIO ESTIMADO:

INCLUYE:	SI ✓	NO ✓	COSTO:
EQUIPO DE SONIDO:			
LUCES:			
EFECTOS ESPECIALES:			
PROPINA			

COSTO TOTAL:

NOTAS:

Florería

DATOS DE CONTACTO:

TELEFONO: _____   EMPRESA: _____

EMAIL: _____   DIRECCION: _____

PAQUETE FLORAL :

PRECIO ESTIMADO: _____

INCLUYE:	SI ✓	NO ✓	COSTO:
RAMO	☐	☐	_____
ADORNO PARA TRAJES:	☐	☐	_____
FLORES DE LA CEREMONIA	☐	☐	_____
CENTROS DE MESA	☐	☐	_____
ADORNO PARA PASTEL	☐	☐	_____

COSTO TOTAL:

Pastel

TELEFONO: **EMPRESA:**

EMAIL: **DIRECCION:**

PAQUETE :

COSTO: _____ **PRUEBA GRATIS:** _____ **CUOTA DE ENTREGA:** _____

SABOR:

RELLENO:

TAMAÑO:

FIGURA:

COLOR:

EXTRAS:

COSTO TOTAL:

NOTES:

Transporte

A LA IGLESIA: HORA: LUGAR:

QUINCEAÑERA:

CHAMBELANES:

FAMILIA:

PADRINOS:

NOTAS:

A LA FIESTA: HORA: LUGAR:

QUINCEAÑERA:

CHAMBELANES:

FAMILIA:

PADRINOS:

Nombres y Direcciones

CEREMONIA IGLESIA:

TELEFONO: NOMBRE DEL CONTACTO:

EMAIL: DIRECCION:

RECEPCION:

TELEFONO: NOMBRE DEL CONTACTO:

EMAIL: DIRECCION:

PLANEADOR DE LOS QUINCE:

TELEFONO: NOMBRE DEL CONTACTO:

EMAIL: DIRECCION:

PROVEEDOR DE COMIDA:

TELEFONO: NOMBRE DEL CONTACTO:

EMAIL: DIRECCION:

FLORERIA:

TELEFONO: NOMBRE DEL CONTACTO:

EMAIL: DIRECCION:

COREOGRAFO BAILE

TELEFONO: NOMBRE DEL CONTACTO:

EMAIL: DIRECCION:

Nombres y direcciones

PASTELERIA:

TELEFONO: NOMBRE DEL CONTACTO:

EMAIL: DIRECCION:

MODISTA:

TELEFONO: NOMBRE DEL CONTACTO:

EMAIL: DIRECCION:

FOTOGRAFO:

TELEFONO: NOMBRE DEL CONTACTO:

EMAIL: DIRECCION:

VIDEOGRAFO:

TELEFONO: NOMBRE DEL CONTACTO:

EMAIL: DIRECCION:

DJ/MUSICA/GRUPO MUSICAL:

TELEFONO: NOMBRE DEL CONTACTO:

EMAIL: DIRECCION:

PEINADO/MANICURE:

TELEFONO: NOMBRE DEL CONTACTO:

EMAIL: DIRECCION:

Nombres y direcciones

MAQUILLISTA:

TELEFONO: _____	NOMBRE DE CONTACTO: _____

EMAIL: _____	DIRECCION: _____

RENTA DE ARTICULOS EXTRAS:

TELEFONO: _____	NOMBRE DE CONTACTO: _____

EMAIL: _____	DIRECCION: _____

HOTEL:

TELEFONO: _____	NOMBRE DE CONTACTO: _____

EMAIL: _____	DIRECCION: _____

SERVICIO DE TRANSPORTE:

TELEFONO: _____	NOMBRE DE CONTACTO: _____

EMAIL: _____	DIRECCION: _____

NOTAS:

Detalles de la Comida

INFORMACION DEL CONTACTO:

TELEFONO: _____   NOMBRE DEL CONTACTO: _____

EMAIL: _____   DIRECCION: _____

OPCION DE MENU #1:

OPCION DE MENU #2:

	SI ✓	NO ✓	COSTO:
INCLUYE BEBIDAS ALCOH.:	☐	☐	_____
DESCORCHE:	☐	☐	_____
APERITIVOS:	☐	☐	_____
IMPUESTOS INCLUIDOS:	☐	☐	_____
PROPINA INCLUIDA:	☐	☐	_____

Detalles de la Comida

INFORMACION DEL CONTACTO:

TELEFONO: _____ NOMBRE DEL CONTACTO: _____

EMAIL: _____ DIRECCION: _____

OPCION DE MENU #1:

OPCION DE MENU #2:

	SI ✓	NO ✓	COSTO:
INCLUYE BEBIDAS ALCOH.:			
DESCORCHE:			
APERITIVOS:			
IMPUESTOS INCLUIDOS:			
PROPINA INCLUIDA:			

Detalles de la Comida

INFORMACION DEL CONTACTO:

TELEFONO: _____ NOMBRE DEL CONTACTO: _____

EMAIL: _____ DIRECCION: _____

OPCION DE MENU #1:

OPCION DE MENU #2:

	SI ✓	NO ✓	COSTO:
INCLUYE BEBIDAS ALCOH.:			
DESCORCHE:			
APERITIVOS:			
IMPUESTOS INCLUIDOS:			
PROPINA INCLUIDA:			

Detalles de la Comida

INFORMACION DEL CONTACTO:

TELEFONO: _____	NOMBRE DEL CONTACTO: _____

EMAIL: _____	DIRECCION: _____

OPCION DE MENU #1:

OPCION DE MENU #2:

	SI ✓	NO ✓	COSTO:
INCLUYE BEBIDAS ALCOH.:			
DESCORCHE:			
APERITIVOS:			
IMPUESTOS INCLUIDOS:			
PROPINA INCLUIDA:			

Plan del Menú

HORS D'OEUVRES/ APERITIVOS

1st TIEMPO:

2nd TIEMPO:

3rd TIEMPO:

4th TIEMPO:

POSTRE:

Plan del Menú

HORS D'OEUVRES/ APERITIVOS

1st TIEMPO:

2nd TIEMPO:

3rd TIEMPO:

4th TIEMPO:

POSTRE:

Plan del Menú

HORS D'OEUVRES/ APERITIVOS

1st TIEMPO:

2nd TIEMPO:

3rd TIEMPO:

4th TIEMPO:

POSTRE:

Plan del Menú

HORS D'OEUVRES/ APERITIVOS

1st TIEMPO:

2nd TIEMPO:

3rd TIEMPO:

4th TIEMPO:

POSTRE:

Lista de Invitados

NOMBRE:	DIRECCION:	# PERSONAS:	RSVP: ✓

Lista de Invitados

NOMBRE:	DIRECCION:	# PERSONAS:	RSVP: ✓

Lista de Invitados

NOMBRE:	DIRECCION:	# PERSONAS:	RSVP: ✓

Lista de Invitados

NOMBRE:	DIRECCION:	# PERSONAS:	RSVP: ✓

Lista de Invitados

NOMBRE:	DIRECCION:	# PERSONAS:	RSVP: ✓

Lista de Invitados

NOMBRE:	DIRECCION:	# PERSONAS:	RSVP: ✓

Lista de Invitados

NOMBRE:	DIRECCION:	# PERSONAS:	RSVP: ✓

Lista de Invitados

NOMBRE:	DIRECCION:	# PERSONAS:	RSVP: ✓

Lista de Invitados

NOMBRE:	DIRECCION:	# PERSONAS:	RSVP: ✓

Lista de Invitados

NOMBRE:	DIRECCION:	# PERSONAS:	RSVP: ✓

Lista de Invitados

NOMBRE:	DIRECCION:	# PERSONAS:	RSVP: ✓

Lista de Invitados

NOMBRE:	DIRECCION:	# PERSONAS:	RSVP: ✓

Lista de Invitados

NOMBRE:	DIRECCION:	# PERSONAS:	RSVP: ✓

Lista de Invitados

NOMBRE:	DIRECCION:	# PERSONAS:	RSVP: ✓

Lista de Invitados

NOMBRE:	DIRECCION:	# PERSONAS:	RSVP: ✓

Lista de Invitados

NOMBRE:	DIRECCION:	# PERSONAS:	RSVP: ✓

Lista de Invitados

NOMBRE:	DIRECCION:	# PERSONAS:	RSVP: ✓

Lista de Invitados

NOMBRE:	DIRECCION:	# PERSONAS:	RSVP: ✓

Lista de Invitados

NOMBRE:	DIRECCION:	# PERSONAS:	RSVP: ✓

Lista de Invitados

NOMBRE:	DIRECCION:	# PERSONAS:	RSVP: ✓

Lista de Invitados

NOMBRE:	DIRECCION:	# PERSONAS:	RSVP: ✓

Plan de Acomodo Mesas

Mesa #

Mesa #

Mesa #

Mesa #

NOTAS:

Plan de Acomodo Mesas

Mesa #

Mesa #

Mesa #

Mesa #

NOTAS:

Plan de Acomodo Mesas

Mesa #

Mesa #

Mesa #

Mesa #

NOTAS:

Plan de Acomodo Mesas

Mesa #

Mesa #

Mesa #

Mesa #

NOTAS:

Plan de Acomodo Mesas

Mesa #

Mesa #

Mesa #

Mesa #

NOTAS:

Plan de Acomodo Mesas

Mesa #

Mesa #

Mesa #

Mesa #

NOTAS:

Plan de Acomodo Mesas

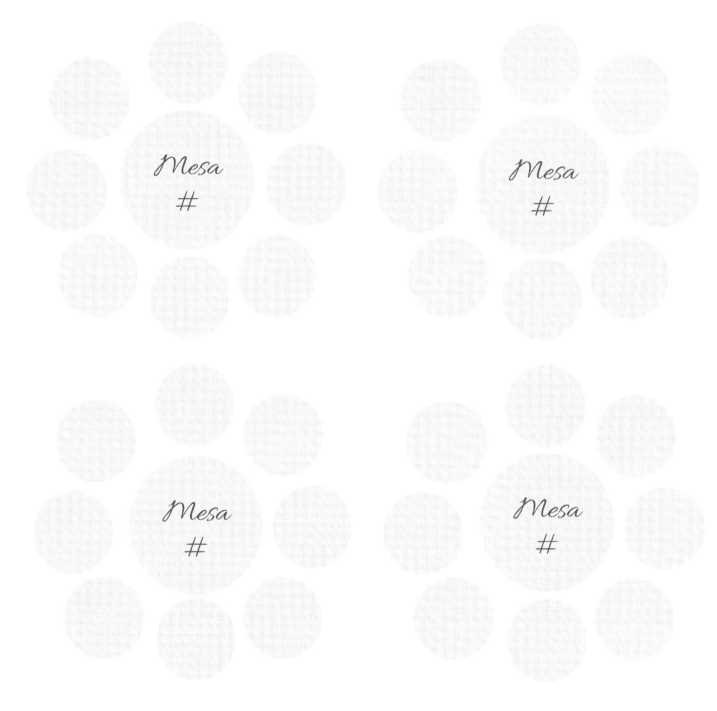

Mesa #

Mesa #

Mesa #

Mesa #

NOTAS:

Plan de Acomodo Mesas

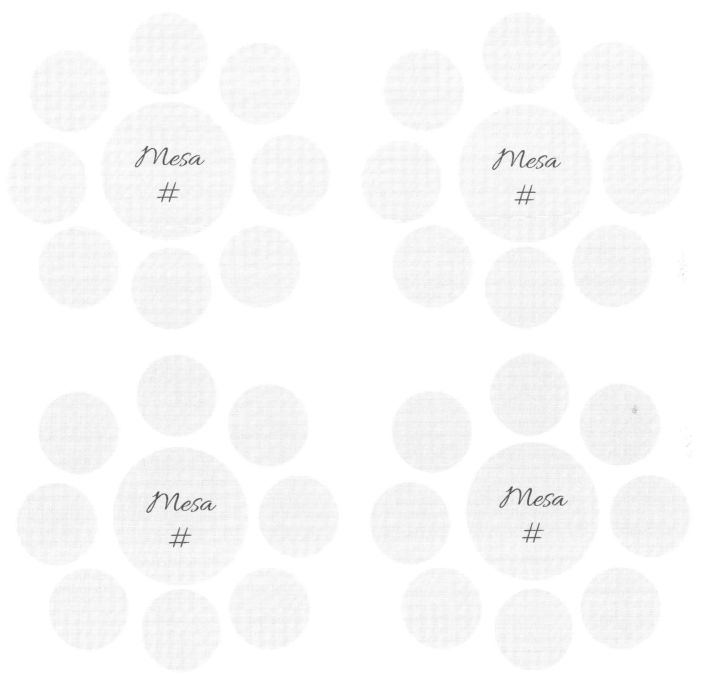

Mesa #
Mesa #
Mesa #
Mesa #

NOTAS:

Plan de Acomodo Mesas

NOTAS:

Plan de Acomodo Mesas

Mesa #

Mesa #

Mesa #

Mesa #

NOTAS:

Plan de Acomodo Mesas

Mesa #

Mesa #

Mesa #

Mesa #

NOTAS:

Plan de Acomodo Mesas

Mesa #

Mesa #

Mesa #

Mesa #

NOTAS:

Plan de Acomodo Mesas

Mesa #

Mesa #

Mesa #

Mesa #

NOTAS:

MENSUAL
CALENDARIO

MES

LUNES	MARTES	MIERCOLES	JUEVES	VIERNES	SABADO	DOMINGO

CALENDARIO MENSUAL

MES

LUNES	MARTES	MIERCOLES	JUEVES	VIERNES	SABADO	DOMINGO

MENSUAL
CALENDARIO

MES

LUNES	MARTES	MIERCOLES	JUEVES	VIERNES	SABADO	DOMINGO

CALENDARIO MENSUAL

LUNES	MARTES	MIERCOLES	JUEVES	VIERNES	SABADO	DOMINGO

MES

MENSUAL
CALENDARIO

MES

LUNES	MARTES	MIERCOLES	JUEVES	VIERNES	SABADO	DOMINGO

CALENDARIO MENSUAL

MES

LUNES	MARTES	MIERCOLES	JUEVES	VIERNES	SABADO	DOMINGO

AGENDA SEMANAL

PLANIFICADOR

SEMANA DEL:

HORA	LUNES	MARTES	MIERCOLES	JUEVES	VIERNES	SABADO	DOMINGO

NOTAS Y RECORDATORIOS

AGENDA SEMANAL
PLANIFICADOR

SEMANA DEL:

HORA	LUNES	MARTES	MIERCOLES	JUEVES	VIERNES	SABADO	DOMINGO

NOTAS Y RECORDATORIOS

AGENDA SEMANAL

PLANIFICADOR

SEMANA DEL:

HORA	LUNES	MARTES	MIERCOLES	JUEVES	VIERNES	SABADO	DOMINGO

NOTAS Y RECORDATORIOS

AGENDA SEMANAL
PLANIFICADOR

SEMANA DEL:

HORA	LUNES	MARTES	MIERCOLES	JUEVES	VIERNES	SABADO	DOMINGO

NOTAS Y RECORDATORIOS

AGENDA SEMANAL

PLANIFICADOR

SEMANA DEL:

HORA	LUNES	MARTES	MIERCOLES	JUEVES	VIERNES	SABADO	DOMINGO

NOTAS Y RECORDATORIOS

AGENDA SEMANAL

PLANIFICADOR

SEMANA DEL:

HORA	LUNES	MARTES	MIERCOLES	JUEVES	VIERNES	SABADO	DOMINGO

NOTAS Y RECORDATORIOS

AGENDA SEMANAL

PLANIFICADOR

SEMANA DEL:

HORA	LUNES	MARTES	MIERCOLES	JUEVES	VIERNES	SABADO	DOMINGO

NOTAS Y RECORDATORIOS

AGENDA SEMANAL
PLANIFICADOR

SEMANA DEL:

HORA	LUNES	MARTES	MIERCOLES	JUEVES	VIERNES	SABADO	DOMINGO

NOTAS Y RECORDATORIOS

AGENDA SEMANAL

PLANIFICADOR

SEMANA DEL:

HORA	LUNES	MARTES	MIERCOLES	JUEVES	VIERNES	SABADO	DOMINGO

NOTAS Y RECORDATORIOS

AGENDA SEMANAL
PLANIFICADOR

SEMANA DEL:

HORA	LUNES	MARTES	MIERCOLES	JUEVES	VIERNES	SABADO	DOMINGO

NOTAS Y RECORDATORIOS

AGENDA SEMANAL

SEMANA DEL:

PLANIFICADOR

HORA	LUNES	MARTES	MIERCOLES	JUEVES	VIERNES	SABADO	DOMINGO

NOTAS Y RECORDATORIOS

AGENDA SEMANAL
PLANIFICADOR

SEMANA DEL:

HORA	LUNES	MARTES	MIERCOLES	JUEVES	VIERNES	SABADO	DOMINGO

NOTAS Y RECORDATORIOS

AGENDA SEMANAL

PLANIFICADOR

SEMANA DEL:

HORA	LUNES	MARTES	MIERCOLES	JUEVES	VIERNES	SABADO	DOMINGO

NOTAS Y RECORDATORIOS

AGENDA SEMANAL
PLANIFICADOR

SEMANA DEL:

HORA	LUNES	MARTES	MIERCOLES	JUEVES	VIERNES	SABADO	DOMINGO

NOTAS Y RECORDATORIOS

AGENDA SEMANAL

PLANIFICADOR

SEMANA DEL:

HORA	LUNES	MARTES	MIERCOLES	JUEVES	VIERNES	SABADO	DOMINGO

NOTAS Y RECORDATORIOS

AGENDA SEMANAL
PLANIFICADOR

SEMANA DEL:

HORA	LUNES	MARTES	MIERCOLES	JUEVES	VIERNES	SABADO	DOMINGO

NOTAS Y RECORDATORIOS

AGENDA SEMANAL

PLANIFICADOR

SEMANA DEL:

HORA	LUNES	MARTES	MIERCOLES	JUEVES	VIERNES	SABADO	DOMINGO

NOTAS Y RECORDATORIOS

AGENDA SEMANAL
PLANIFICADOR

SEMANA DEL:

HORA	LUNES	MARTES	MIERCOLES	JUEVES	VIERNES	SABADO	DOMINGO

NOTAS Y RECORDATORIOS

AGENDA SEMANAL

PLANIFICADOR

SEMANA DEL:

HORA	LUNES	MARTES	MIERCOLES	JUEVES	VIERNES	SABADO	DOMINGO

NOTAS Y RECORDATORIOS

AGENDA SEMANAL
PLANIFICADOR

SEMANA DEL:

HORA	LUNES	MARTES	MIERCOLES	JUEVES	VIERNES	SABADO	DOMINGO

NOTAS Y RECORDATORIOS

AGENDA SEMANAL
PLANIFICADOR

SEMANA DEL:

HORA	LUNES	MARTES	MIERCOLES	JUEVES	VIERNES	SABADO	DOMINGO

NOTAS Y RECORDATORIOS

AGENDA SEMANAL
PLANIFICADOR

SEMANA DEL:

HORA	LUNES	MARTES	MIERCOLES	JUEVES	VIERNES	SABADO	DOMINGO

NOTAS Y RECORDATORIOS

AGENDA SEMANAL

PLANIFICADOR

SEMANA DEL:

HORA	LUNES	MARTES	MIERCOLES	JUEVES	VIERNES	SABADO	DOMINGO

NOTAS Y RECORDATORIOS

AGENDA SEMANAL
PLANIFICADOR

SEMANA DEL:

HORA	LUNES	MARTES	MIERCOLES	JUEVES	VIERNES	SABADO	DOMINGO

NOTAS Y RECORDATORIOS

AGENDA SEMANAL

SEMANA DEL:

PLANIFICADOR

HORA	LUNES	MARTES	MIERCOLES	JUEVES	VIERNES	SABADO	DOMINGO

NOTAS Y RECORDATORIOS

AGENDA SEMANAL
PLANIFICADOR

SEMANA DEL:

HORA	LUNES	MARTES	MIERCOLES	JUEVES	VIERNES	SABADO	DOMINGO

NOTAS Y RECORDATORIOS

AGENDA SEMANAL

PLANIFICADOR

SEMANA DEL:

HORA	LUNES	MARTES	MIERCOLES	JUEVES	VIERNES	SABADO	DOMINGO

NOTAS Y RECORDATORIOS

AGENDA SEMANAL
PLANIFICADOR

SEMANA DEL:

HORA	LUNES	MARTES	MIERCOLES	JUEVES	VIERNES	SABADO	DOMINGO

NOTAS Y RECORDATORIOS

Notas

Notas

Notas

Notas

Made in the USA
Las Vegas, NV
02 September 2023

76973164R00057